LE RELÈVEMENT

DE

LA FRANCE

DISCOURS PRONONCÉ A VERSAILLES

PAR

ARBOUSSE-BASTIDE

« En vérité, en vérité je te dis que si tu
ne nais de nouveau, tu n'entreras point
dans le royaume des cieux. »
(Paroles de Jésus-Christ à Nicodème.)

PARIS

SANDOZ ET FISCHBACHER, ÉDITEURS
33, RUE DE SEINE, 33

1872

LE

RELÈVEMENT DE LA FRANCE

PARIS. — TYPOGRAPHIE DE CH. MEYRUEIS

RUE CUJAS, 13. — 1872.

LE
RELÈVEMENT

DE

LA FRANCE

DISCOURS PRONONCÉ A VERSAILLES

PAR

ARBOUSSE-BASTIDE

« En vérité, en vérité je te dis que si tu
ne nais de nouveau, tu n'entreras point
dans le royaume des cieux. »

(Paroles de Jésus-Christ à Nicodème.)

PARIS

SANDOZ ET FISCHBACHER, ÉDITEURS

33, RUE DE SEINE, 33

1872

LE

RELÈVEMENT DE LA FRANCE

« En vérité, en vérité je te dis, que si tu
ne nais de nouveau tu n'entreras point
dans le royaume des cieux. »
(Jésus-Christ à Nicodème. — Jean III, 5.)

Qui de nous, Frères et concitoyens, a pu prendre son
parti de l'abaissement de la patrie ? Qui voudrait accepter
des consolations, quelles qu'elles fussent, si elles n'étaient
pas mêlées à l'espérance d'une réhabilitation ? Et en s'ap-
pliquant, selon son pouvoir, à bander les plaies de la
grande blessée, quel est le Français qui ne lui a pas dit
dans son cœur : « Courage, ma mère, tu te relèveras ? »

Et cependant, il y a des âmes découragées. J'ai entendu parfois retentir, comme un glas, le mot funèbre
de décadence. J'ai vu des hommes intelligents, relever
avec soin les symptômes alarmants du mal, et, comme
des médecins experts appelés autour du lit d'un malade,
conclure que le cas est désespéré.

Sans doute il ne faut pas se payer d'illusions, mais il
y a péril à prophétiser prématurément la mort d'un
peuple. La marche d'une maladie peut avoir quelque
chose de fatal : je ne crois pas à la fatalité dans l'ordre
moral. Parler trop vite et trop résolûment de décadence,
c'est risquer de précipiter cette décadence. Après tout
l'avenir sera ce que nous le ferons, de concert avec

Dieu. Et qui sait ! Peut-être suffirait-il de quelques grandes âmes pour éclairer les esprits, relever les courages, vivifier le corps tout entier? La contagion du bien existe, comme la contagion du mal. Et si le relèvement de notre pauvre pays, poussé à sa perte par des natures dépravées, doit surgir à son relèvement par l'effort de natures d'élite, pourquoi n'espérerais-je pas de trouver ici quelques recrues ?

Ecoutez-nous, et si vous êtes frappés, comme nous, de l'excellence incomparable du moyen que nous avons à vous proposer, aidez-nous à former une grande opinion publique qui se transformera en une grande action publique et pourra aboutir à notre régénération nationale.

Nous allons attaquer des questions brûlantes. Mais nous sommes sûr de nos sentiments de respect et de bienveillance pour tous ceux qui pourraient se trouver derrière les idées que nous combattons. Quoi qu'il en soit, lorsque la question religieuse est au fond de tous nos débats, de toutes nos tourmentes, il serait étrange que le ministre de Jésus-Christ fût seul condamné à se taire. A se taire ! quand il porte, lui, de la part de son Maître, la parole de la vie qui, fécondée par l'esprit, a le pouvoir prodigieux d'arrêter les empires sur la pente de leur décadence.

Nous voulons tous, n'est-ce pas? le relèvement de notre pays ; seulement nous différons sur les moyens. Je suppose donc, réunis en congrès, les conseillers de la France. Chacun propose son idée. Ecoutons-les toutes et jugeons-les.

I. Moyens politiques. — Les uns proposent des *moyens politiques* et ces moyens sont de deux sortes, ils vont dans le sens de la *compression* ou dans le sens de la *liberté*.

a) *Moyens compressifs.* — Enchaîner l'hydre, museler le monstre, doubler les barreaux de la cage, perfectionner le chassepot ; écraser toute tête qui se lève, étouffer l'objection, monter la garde autour de la pensée moderne, retourner au bon vieux temps ; en un mot faire de la force et régner par la force, voilà la nécessité de la situation et le secret du relèvement. Il n'y aura plus que deux hommes en France le soldat et le moine ; le militarisme et le cléricalisme se partageront l'empire : à l'un appartiendront les corps, à l'autre les esprits ; l'un mettra la camisole de force à la France, tandis que l'autre fera son éducation. Puis quand on aura une France bien souple, bien maniable, bien pensante et bien équipée, que nos jeunes générations seront mûres pour la moisson des batailles — ce sera le moment de réveiller les haines, de rallumer les fureurs, de lâcher le lion et de reprendre sur nos ennemis une vengeance plus éclatante que la défaite. Voilà le vrai moyen de rendre à la France sa sécurité au dedans, son prestige au dehors.

— Si nous jugions un pareil procédé de *relèvement*, au point de vue chrétien, nous aurions le droit d'être sévère. Nous pourrions demander à ceux qui ne craignent pas de nous le proposer, si leur conscience ne se révolte pas à l'idée de ces résurrections de haines éternellement transmises de génération en génération comme une *vendetta* corse. Nous ferons remarquer seulement que, pour tout esprit sérieux, ce moyen est aléatoire. A moins de partir de cette idée fanfaronne et funeste que nous sommes invincibles, il faut bien admettre la possibilité d'une défaite; la fortune pourrait, hélas! encore une fois trahir l'héroïsme de nos enfants, et alors, ô inexprimable douleur! ce que vous appelez notre relèvement ne serait que notre ruine définitive. Nos ennemis, si durs une première fois, seraient impitoyables une seconde. La France aurait vécu.

Mais éloignons ces sombres pensées. Examinons ces moyens de compression en eux-mêmes. En eux-mêmes ils sont dégradants, et c'est de moyens dégradants qu'on veut se servir pour nous relever! N'avons-nous pas assez fait l'expérience que c'est le despotisme militaire qui, ployant tout sous la force, nous a accoutumés à ne croire qu'à la force, c'est-à-dire à la matière? N'est-ce pas lui qui a débilité les caractères, amoindri les âmes, déprimé l'esprit, et nous a rendus aptes, par cette mutilation morale, à l'abaissement dont nous savourons les hontes?

Heureusement, et c'est ce qui nous rassure, les moyens de compression sont impraticables. Il ne serait pas prudent de les tenter et on n'osera le faire. On les regrette et on en a peur. Ce régime du bon vieux temps n'est pas plus fait pour les temps nouveaux, que le vin nouveau pour de vieilles outres. Le peuple, armé du suffrage universel, ne reconstruira pas l'oligarchie féodale. L'avenir veut être libéral et démocratique. Si on parvenait à refaire l'essai d'un régime de contrainte, comme autrefois, plus qu'autrefois, il amènerait des explosions.

b) Moyens libéraux. — Nous avons plus de confiance

dans la politique de la liberté pour régénérer la France. Mais quoi ! Cette confiance, c'est en tremblant que nous en parlons. On comprend si peu la liberté parmi nous. On en fait un si mauvais usage. Elle dégénère si vite en licence, en orgie, en saturnales. Nous avons encore là, sous nos yeux, les traces sanglantes de ses pas et les stigmates de sa torche. Jamais le despotisme le plus féroce n'eût osé entreprendre ce qu'on a osé accomplir au nom de la liberté. — Mais détournons les yeux. Et qui donc ici a l'idée de régénérer la France par une liberté pareille ? La liberté que nous aimons et que nous voulons, est la liberté soumise à la loi, jalouse de ses droits, mais respectueuse des droits des autres. C'est à elle, assure-t-on, qu'il appartient de relever la France.

— Nous le voulons bien. Mais faisons une hypothèse, l'hypothèse la plus favorable. Supposons le régime libéral le plus sage et le mieux appliqué. La liberté règne, elle est entière ; elle n'a pour limite que les droits d'autrui. On ne commet plus d'abus en son nom. Nous sommes en plein idéal de libéralisme et les plus difficiles ne trouvent plus rien à demander.

Or, voici la découverte qui a été faite par les meilleurs libéraux eux-mêmes, c'est que la France n'est pourtant pas devenue un Eldorado et que le ciel n'est pas descendu sur la terre. La liberté n'a pas fait que l'ouvrier ne soit plus ouvrier, ni que le paresseux ne soit plus paresseux, ni que l'ivrogne soit tempérant, ni que le pauvre soit riche. La liberté n'a pas fait tomber la morgue de ce grand seigneur ni la convoitise de ce prolétaire ; elle n'a pas ouvert le coffre-fort de cet avare ni réfréné les passions de ce débauché. Or, sachez-le, ce que l'homme cherche dans tous les changements politiques, ce n'est pas la liberté pour la liberté, ni la république pour la république, ce qu'il recherche c'est la satisfaction de ses goûts, de ses ambitions : c'est la fortune, ce sont les jouissances. Et quand, sous un régime républicain, démocratique et libéral, la masse ouvrière déshéritée, s'apercevra qu'il faut qu'elle travaille comme auparavant, et qu'elle n'est après tout ni riche, ni heureuse comme elle l'avait rêvé, ses ambitions se tourneront d'un autre côté. Elle cherchera ailleurs. Elle trouvera, elle a trouvé, au fond de la question politique, *la question sociale*. Voici donc le tour des socialistes. Écoutons-les.

II. Moyens sociaux. — C'est une grande illusion de croire, nous disent-ils, que des mesures politiques, quelles qu'elles soient, suffisent pour nous relever. Il faut une réforme sociale.

Les hommes naissent égaux en droits et en dignité, et cependant quelles inégalités choquantes dans les conditions ! D'un côté des gens qui regorgent de biens, de l'autre des gens qui pâtissent. C'est là ce qui explique les secousses qui nous agitent. Il faut y aviser.

— Oui, mais comment ? Entend-on qu'il faille une répartition égale des biens ? Mais, cette répartition, comment se fera-t-elle ? Volontairement ou par violence. Volontairement ! Les seuls qui consentiront à partager sont ceux qui n'ont rien à partager. Pour le millionnaire, la grande affaire est de bien garder son million et même de lui en faire produire un autre, si c'est possible. Et il faut

l'avouer, le paysan tient autant à son coin de terre qu
le riche propriétaire à ses domaines.

La dépossession du riche au bénéfice du pauvre,
elle se faisait, ne s'obtiendrait que par la violence et n'a
boutirait à rien. Le million en tombant d'une tête sur cer
mille s'émietterait et les miettes ne contenteraient per
sonne. Le partage, à le supposer possible et réalisé, para
lyserait tout mouvement commercial et fort heureuse
ment ne serait qu'éphémère. Ni la nature des choses, n
la nature des hommes ne lui permettrait de durer.

Mais cette dépossession d'un jour elle-même est inter
dite, puisqu'elle ne se pourrait que par la violence e
que la violence est attentatoire au droit. Or, nous n'ad
mettons rien de contraire au droit. Il y a un droit d
propriété, il n'y a pas un droit de spoliation.

Il y a un droit de propriété. Le verbe *avoir* n'est pa
un intrus dans le Dictionnaire. J'ai le droit de dire : j
suis et personne n'a le droit de m'empêcher d'être; j'a
le droit de dire : j'ai, et personne n'a le droit de m
ravir ce que j'ai. J'ai ce que j'ai acquis par mon tra
vail et ce que j'ai légitimement reçu. Le droit d'a
voir implique le droit de transmettre : l'héritage
« c'est la main du père tendue au fils au travers du tom
beau. » Si la propriété est légitime, le capital est légi
time, le capital c'est le travail accumulé. C'est l'ea
ramassée dans le réservoir, indispensable pour le je
de la machine. L'ouvrier qui se révolte contre le capita
c'est le meunier qui en voudrait à l'eau du moulin e
qui la disperserait un peu partout dans les sables : l'ea
se perdrait et la roue ne tournerait plus.

Voici un homme : il a le génie de l'industrie. Il arriv

dans un pays pauvre. Il creuse un canal, il détourne un courant, il obtient une chute d'eau, il établit une roue, il invente une machine, il fait filer du coton, il paye bien ses ouvriers. Ces pauvres gens vivaient misérablement sur un sol ingrat, maintenant ils vivent à leur aise, le pays est prospère, des voies de communication le sillonnent, des maisons sont bâties. Il est vrai que la plus élégante, c'est la sienne. C'est une riche villa assise coquettement sur la colline. Tout autour, des jardins, un parc. De temps en temps on voit descendre sur le chemin ensablé un brillant équipage : cet homme, cet heureux génie industriel a des chevaux, des domestiques, un riche confort : il est millionnaire. Est-ce donc injuste qu'il jouisse du fruit de son talent et de son travail ? Qui oserait le contester ?

Certes, rien n'est plus juste. Et cependant là-bas, au pied de la colline, vit toute une population condamnée aux fatigues de l'atelier. L'ouvrier se lève à l'aube. Il sue à la tâche. Il respire dans le triage du coton une atmosphère qui ne vaut pas l'air parfumé du château. La table où il s'assied quelques rapides instants, est loin de valoir celle du patron. A peine a-t-il le temps de vivre avec sa compagne, surmenée comme lui par le travail. Or, cet homme se compare inévitablement au riche, dont il entend rouler l'équipage. Il compare sa mansarde au château, son dur régime au régime délicat du maître ; la robe plus que modeste de sa femme à la toilette de la châtelaine. Malgré tout ce qu'on peut dire sur la justice des bénéfices qui reviennent à l'industriel, sur les bienfaits qu'il a répandus sur la contrée, sur les chances de perte ou de ruine risquées par de fortes mises de fonds, chances que l'ouvrier ne partage pas, la seule chose qui frappe ses yeux jaloux, c'est cette voiture, ce château, ces meubles, cette table, ces habits, ces loisirs, ces plaisirs que le riche se donne, cet appareil dont il s'entoure, ce prestige qui le suit. Cette vie, conduite à grandes guides, écrase l'ouvrier. Il ne voit entre la destinée de son maître et la sienne, que des contrastes. Ce que nous appelons ordre, il l'appelle désordre, ce que nous appelons équité sociale, il l'appelle iniquité sociale, ce que nous appelons droit, il l'appelle usurpation. Ce luxe est fait de ses privations, ce loisir de ses labeurs, ces jouissances de ses peines. Il ne voit que cela, il ne comprend que cela, et quand rentrant dans sa maison délabrée, il ne trouve que le pain noir, il ne se demande pas si c'est son manque d'économie qui est la cause de son dénûment, si ce n'est pas la paresse et la débauche qui l'ont empêché d'arriver à une position aisée ; il ne se demande pas cela. Il ne voit que l'indépendance de son maître et son assujettissement au travail, et il appelle cela « *le servage moderne*. » Peut-être frappe-t-il de son poing son bahut avec un geste de colère, et attend-il le jour de « *refaire la société*. »

C'est alors que des génies malfaisants, loin de chercher à mettre du baume sur ce cœur ulcéré, viennent, au contraire, comme des satans, lui souffler la tentation et la révolte. « Quoi ! disent leurs journaux et leurs libelles à cet homme mal content et mal partagé, c'est ainsi que l'on te traite ? De quel droit cette inégalité ? L'homme ne vaut-il pas l'homme ? C'est de tes dépouilles qu'on s'est enrichi. C'est de tes sueurs qu'on s'est fait cette opulence. C'est de tes douleurs qu'on s'est fait ces

voluptés. N'es-tu donc pas, toi, le peuple souverain ?
N'es-tu pas le nombre ? N'es-tu pas la force ? Ne t'ap-
pelles-tu pas Légion et Lion ? Lève-toi donc, renverse,
brûle et détruis. Cette société n'était fondée que sur la
rapine et l'injustice, brise-la, et sur ses ruines tu po-
seras les premières assises de la société nouvelle : la justice, l'égalité, la fraternité. »

Nous avons vu les funèbres conséquences de ces odieu-
ses prédications. Nous avons vu des bandes de démons
et de furies, passer dans nos rues comme des échappés
de l'enfer, et, la torche d'une main, le révolver de l'autre, le blasphème à la bouche, la haine au cœur, courir,
répandant derrière elles les flammes, les ruines et mille
morts. C'était l'ère de la fraternité qui commençait. C'était
là la solution sociale. C'est ainsi qu'on relevait la France !

Mais assez sur ces débordements et sur ces fureurs.
Grâce au ciel, la force a été du côté de la justice et la
victoire du côté du droit. Néanmoins à la lueur funèbre de ces incendies, nous avons pu voir qu'il y a une
question sociale et comment on veut la trancher. Les
deux termes du problème sont : la richesse et l'égoïsme
en haut ; la misère et la convoitise en bas. La question a
beau être comprimée, elle n'est pas supprimée. On a
beau voûter le cratère, le feu couve dans le sous-sol. La
violence ne résoudra le problème, ni d'un côté, ni de
l'autre. Or, il faut donner le mot de l'énigme à ce Mino-
taure, sinon le monstre nous dévorera. Non-seulement
le relèvement, mais le salut de la France est à ce prix.

« Il n'y a qu'une chose à faire, c'est d'éclairer le peuple. » Voilà le troisième remède proposé par les hommes
les plus éminents.

III. — MOYENS INTELLECTUELS. — Il faut donc éclai
rer le peuple. Une bonne loi qui nous donnera l'instruc
tion obligatoire fera comprendre bientôt aux Français, l
folie de vouloir trancher la question sociale par des ré
volutions. Un évêque anglican disait : « Je ne crains pa
la question sociale dans mon diocèse : mes paroissien
sont trop instruits. » L'instruction moralise. La statis
tique l'atteste. Le vrai moyen de relèvement pour notr
pays ce n'est ni la réaction, ni la liberté, ni les utopie
sociales : c'est l'enseignement.

— Certes nous ne sommes pas de ceux qui voient ave
peine les mesures législatives qui se préparent dans c
sens. Nous appelons au contraire de tous nos vœux l'en
seignement obligatoire. Nous croyons que cette obliga
tion est légitime et l'un des moyens les plus efficace
pour fonder la liberté. Par un singulier renversemen
qui étonne la logique, mais dont la raison se rend compte
ce sont les hommes du despotisme qui veulent la libert
de l'enseignement, et ce sont les hommes de la libert
qui réclament la contrainte. Quelle contrainte que cell
qui ordonne au père de famille de donner le pain de l'in
telligence à ses enfants ! Et quelle liberté que celle d
l'ignorance !

Quant à moi, fils du libre examen et de la libre recher
che, je trouve des joies si nobles et une si haute dignit
dans la culture de mon intelligence, que je me regarde
rais comme le plus injuste et le plus égoïste des homme
si j'en privais qui que ce soit. Aussi bien l'instructio
ne nous appartient pas plus que la vérité. Nous la *devon*
Malheur à qui mettrait la lumière sous le boisseau, o
qui en réserverait jalousement, pour une caste privilé

giée, les rayons sacrés! Honte à l'égoïste qui condam-
nerait des esprits, quels qu'ils soient, à cette espèce de
mutilation, d'étiolement, de prison cellulaire qui s'appelle l'ignorance! Autant vaudraient les oubliettes du
moyen âge. On prétend que l'instruction vulgarisée appor-
tera avec elle des périls. Eh! bien tant pis. Il n'est pas
permis, même pour conjurer un danger plus ou moins
probable, de commettre un déni de justice. Et ceux qui
prétendent défendre la religion, la patrie et la propriété,
en se faisant un rempart de ténèbres, ceux-là déshono-
rent la religion et la patrie, sans sauvegarder pour cela la
propriété. Qu'elle vienne donc l'instruction, l'instruction pour tous, qu'elle vienne avec ses périls si elle en
amène, elle sera toujours la bienvenue!

Toutefois, nous le reconnaissons, l'instruction popu-
laire risque de nous apporter quelques périls, et, en tout
cas, toute seule, elle ne suffit pas pour résoudre la question sociale. L'évêque anglican, dont on nous parlait
tout à l'heure, ne se rendait pas bien compte qu'à côté
de l'instruction, il avait d'autres préservatifs du socia-
lisme pour ses paroissiens. Il faut bien le dire, ce ne sont
pas les plus ignorants qui se sont le plus passionnés,
parmi nous, pour les réformes sociales. Bien au contraire,
l'ignorance des bons paysans, dociles à leurs prêtres,
semble à plusieurs, non sans quelque raison, le préservatif
le meilleur contre les idées nouvelles. C'est l'ouvrier des
villes, relativement instruit, qui devient socialiste. Son
instruction elle-même, en lui faisant sentir davantage
sa propre valeur, relève d'autant à ses yeux les inégalités sociales et arme ses convoitises. Il se demande pourquoi lui, qui a la même intelligence que son maître, n'a

pas la même place au banquet. Ne nous abusons pas. Le ministre de l'instruction publique ne tient pas dans son portefeuille la solution. Il faut autre chose.

Il est vrai que la plupart de ceux qui placent dans l'enseignement la régénération de la France, n'entendent pas le séparer de la morale. L'instruction ne doit être que le canal de la moralisation. Il est grand temps de parler des moyens moraux.

IV. — MOYENS MORAUX. — Ce sont les vrais. Sans ceux-là, tous les autres avortent. La régénération qu'il faut à la France est une régénération morale. Sa vie, comme nation, dépend de là. Et d'abord il faut que la France croie qu'il y a des *principes moraux*.

Ici, on se récrie. Mais qui les nie, ces principes, si ce n'est quelques sceptiques? Tout le monde admet des principes « antérieurs et supérieurs » sur lesquels on assied les lois humaines. Oui, mais, a-t-on une foi religieuse, inébranlable, à leur souveraine autorité? On raconte que le philosophe Kant fut saisi d'une solennelle émotion, lorsque le caractère absolu et sacro-saint de la loi morale lui apparut pour la première fois. Ce fut comme une révélation, comme la découverte de la boussole morale. « Il y a deux choses que j'admire, disait-il, la voûte étoilée sur ma tête et la loi morale dans mon cœur. » Cherchant à en exprimer le caractère irrévocablement obligatoire, il l'appela : « *Impératif catégorique.* » Je me rappelle avec bonheur, avoir entendu un autre génie, de premier ordre aussi, mais d'un tout autre ordre, me dire : « Monsieur, je crois en Dieu beaucoup plus qu'en moi-même. Dieu me dit : va! et je vais. Reviens ! et je reviens. Fais ceci ! Et je le fais. Arrête-toi ! et je m'arrête. »

Plût à Dieu que la France reconnût cette infaillibilité ! Mais non. Son éducation jésuitique a faussé son sens moral. On lui a appris à remplacer la conviction intime par la soumission extérieure, la vie sainte par la pratique dévote, la responsabilité personnelle par l'aliénation de la conscience remise aux mains d'un prêtre, et l'autorité indiscutable de la loi morale s'est évanouie dans les échappatoires de la casuistique. Et qu'importe le respect de la loi ! Tout finit bien qui finit par le *te absolvo* et le *te absolvo* ne coûte que quelques formalités si faciles ! Odieuse et criminelle violation du sens moral, évidemment affaibli sinon irrémédiablement corrompu dans les nations façonnées par les jésuites.

Il faut donc le relever, le sens moral, pour relever la France elle-même. Or, la première assise, pour ainsi dire, et comme le fond de l'âme humaine, c'est le respect de la *Vérité*. C'est par là qu'il faut commencer.

1° — On ment en France avec une facilité à faire frémir. On ment dans les petites choses : on ment pour vendre, on ment pour acheter, on ment pour flatter, on ment pour se tirer d'embarras, on ment pour se distraire, on ment pour mentir. Dans nos théâtres, dans nos contes d'enfants, dans les fables qu'on nous enseigne, on nous apprend à rire de l'homme simple dupé par le fourbe. Le sérieux de l'âme, le respect du vrai en est déjà faussé. On ment dans les grandes choses : la fin sans doute justifie le moyen ! C'est ainsi qu'on nous a indignement trompés quand, pour nous lancer contre la Prusse, on a inventé des injures qu'on n'avait jamais reçues. On a menti dans les conseils impériaux, on a menti dans les cabinets des ministres, on a menti à la tribune, on a menti dans les journaux, on a menti dans les dépêches officielles, on a menti sous l'empire, on a menti sous la République, tout le temps de la guerre, si bien que la France, affolée par ces mensonges, ne voulait plus croire à rien. Or, la plus incontestable de nos hontes, au milieu de toutes ces hontes, c'est cet attentat à la vérité.

Quand le respect de la vérité est éteint chez un peuple, savez-vous ce qui arrive? — Il arrive que le culte du devoir est remplacé par l'adoration du succès. Et lorsqu'un audacieux général, qui avait juré de consacrer son épée au service de la République, entre, foulant aux pieds son serment, dans le sanctuaire de la loi pour égorger la République, le pays applaudit ce qui est exécrable, et l'admiration publique acclame ce que l'indignation publique aurait dû flétrir. — Il arrive que, si un funeste plagiaire entreprend de refaire un 18 brumaire, il est capable de réussir, et s'il réussit, le criminel disparaît pour ne laisser voir que le vainqueur. Lorsqu'un peuple a perdu l'horreur du mensonge au point de tresser des couronnes pour le parjure, ce peuple est mûr pour l'esclavage.

Savez-vous ce qui arrive enfin quand un peuple a perdu le sens de la vérité ? C'est qu'il ment à Dieu lui-même. Est-ce autre chose qu'un grand mensonge, que ce qui se passe dans l'ordre religieux ? La France est-elle catholique? Croit-elle au concile de Trente ? Au Syllabus? A l'immaculée conception? A l'infaillibilité papale ? J'ose dire que non. Du moins pour la partie la plus éclairée, elle est incrédule ou irréligieuse. Dès lors que signi-

fient ces mensonges officiels? Cette hypocrisie convenue?
Pourquoi demander au prêtre, pour soi et pour les siens,
des cérémonies auxquelles on ne croit pas? Pourquoi
rester dans les cadres d'une armée dont on déserte le
drapeau? Pourquoi prêter à ce qu'on croit être faux,
l'illusion du nombre qui en fait toute la force? Pourquoi
surtout, quand on aime la liberté, ne pas protester effi-
cacement contre ce qu'on croit être le plus grand instrument de despotisme? Chose douloureuse et qui n'est pas
à l'honneur du catholicisme français, parmi nous la
conscience religieuse est si lâche, que nous n'avons vu
surgir en France aucune protestation de quelque portée
contre les innovations romaines (1). Si quelques voix élo-
quentes et isolées se sont élevées, elles se sont hâtées de
se taire, comprimant, torturant, étouffant la conscience
individuelle, qui est pourtant le seul canal de la vérité.
En Allemagne, les catholiques croyants, jaloux de leur
vieille foi, protestent au moins contre le dogme nouveau.
En France, on n'y croit pas davantage; mais on n'a pas
assez de respect de la vérité pour protester. On pourra
bien décréter ce qu'on voudra à Rome, cela est bien
égal à nos catholiques, ils n'en croiront pas plus pour
cela, mais ils n'en resteront pas moins *bons catholiques*
se faisant communier, marier, confesser, absoudre,
oindre et enterrer par les prêtres. Or, c'est là un grand
scandale, dont presque tout le monde est complice.
C'est dans ce mensonge et ce culte du mensonge que se

(1) Nous n'ignorons ni le père Hyacinthe ni l'abbé Michaud. Ce sont
des exceptions.

Il en est jusqu'à deux que l'on pourrait compter.

trouve le secret de notre malaise politique et religieux, dont ce mensonge n'est que la consécration. De là nos secousses, nos soulèvements, nos rechutes. Nous vivons dans le faux et nous n'avons pas assez de respect de la vérité pour en sortir. Oui, la première condition de notre relèvement, c'est la restauration du sens moral, dont le premier élément est le respect de la vérité.

2° — Il nous faut en deuxième lieu une restauration du sens moral en ce qui concerne *la Justice*.

La justice et la vérité tiennent au fond à un même principe de droiture dans l'âme. La vérité est une sorte de justice et la justice est une sorte de vérité. Ce sont deux sœurs jumelles dont l'une n'est point malade, sans que l'autre en souffre. Quand le sentiment de la vérité est éteint, le sentiment de la justice est atteint. Notre histoire ne le montre que trop.

Oh ! M. F., laissez-moi me décharger le cœur et vous dire ce qui m'oppresse. Aussi bien, il en est temps. C'est la gloire, la gloire des batailles, cette effrontée menteuse, c'est elle, je vous la dénonce, qui a faussé, dans la conscience de la France, le sens de la justice. C'est elle qui nous a appris que « *la force prime le droit*, » car, que nous le voulions ou non, nous avons pratiqué cette maxime, et ce n'est point notre ennemi qui l'a inventée. A présent qu'elle est scandaleusement professée et qu'on nous l'applique, nous la maudissons ; nous aurions dû la maudire plus tôt et si nous avions eu des principes, nous l'aurions fait. Nous aurions dû maudire l'iniquité, quand Louis XIV chassa de leur pays et de leurs héritages, 600,000 de ses plus fidèles sujets. Mais non,

autour du grand roi, il ne se trouva que des évê-
ques de cour pour glorifier *le vengeur de la foi*, pas un
Jean-Baptiste pour protester contre l'injustice! Nous
aurions dû maudire l'iniquité, lorsqu'après le 2 décembre,
la France a vu le scandale de spoliations fameuses :
mais où dans la magistrature, dans le Corps législatif,
au Sénat, avons-nous entendu ce concert de protestations
qui au moins eussent consolé un peu la justice? Nous
aurions dû maudire l'iniquité, quand, sous un prétexte
dérisoire, nous allions envahir le Mexique, massacrer
ses habitants, incendier ses villes, faire chez eux ce que
les Prussiens ont fait chez nous. Nous n'avons pas pardonné l'insuccès, nous aurions pardonné le crime. Le
vieux Joad n'aurait pas le droit de nous dire :

> Je sais que l'injustice en secret vous irrite,
> Que vous avez encor le cœur israélite.

Non, il y a deux catégories en France : ceux qui ont
pratiqué l'iniquité et ceux qui l'ont rendue possible. Ceux
qui ont protesté ou gémi sont si peu nombreux ! Cependant des procès scandaleux nous ont révélé les déprédations de nos Verrès algériens, les spéculations de nos
consuls, les ignobles trafics de nos intendants. Qui
pourra jamais voir clair dans cet épouvantable trou
noir où nos milliards se sont engouffrés? Qui ne pense
avec effroi à tout ce qu'il a fallu d'injustices et d'abus
pour le creuser? Très-certainement si le sentiment de la
justice avait parlé haut chez les officiers, chez les fournis-
seurs, chez les intendants, chez certains généraux, chez
certains ministres, le scandale de tant de déprédations
et en particulier d'une armée dont la France payait les

frais et qui n'existait que sur les cadres, nous aurait été épargné. Eh! bien, frères et concitoyens, si nous voulons relever ce pays, il faut relever la conscience de ce pays, il faut réveiller en lui le sentiment de l'équité, faussé par l'habitude de la gloire et du despotisme, son complice. Il faut crier à ce peuple qui l'oublie, et qui se meurt pour l'oublier, que « la justice élève une nation, mais que l'iniquité est la ruine des peuples. »

Toutefois le principe et même la pratique de la justice ne suffit pas. Il faut plus et mieux. Il faut un principe qui déborde par-dessus et qui vienne « non l'abolir, mais l'accomplir. » Je parle de la *fraternité*.

3° — Sur les débris de plusieurs monuments de Paris, calcinés par le pétrole et noircis par la fumée, j'ai lu avec émotion ce mot sacré de fraternité, survivant encore : il est là comme pour dénoncer au monde ces forcenés qui avaient fait de la fraternité, à la manière de Caïn, mais aussi pour nous dire que toutes les scélératesses humaines n'ont pas pu réussir à effacer ce grand sentiment de notre nature. Saluons avec confiance cette espèce de symbole.

Supposons même qu'ils sont arrivés, ces temps si différents du nôtre, où l'ère de la fraternité a fait place à celle de l'injustice. Donc la fraternité règne. Les moyens compressifs sont inutiles et les moyens libéraux sans danger. Les droits de tous sont respectés par tous et pas un seul ne possède un privilége dont il ne soit jaloux de faire jouir ses frères. Le bonheur du riche lui pèse, il faut qu'il le déverse autour de lui. Ce n'est pas qu'il ait à redouter les insurrections et les violences des masses armées, instruites et toutes-puissantes, non, car le sentiment de fraternité n'existe pas seulement chez le riche à l'égard du pauvre, mais il est entré dans le cœur du pauvre à l'égard du riche. Le respect des droits arrête toute violence et depuis longtemps la convoitise est éteinte dans les cœurs. Je ne sais quel souffle est descendu des hautes cimes, a parcouru les vallées, puis est remonté plus embaumé des vallées aux hautes cimes changeant « *le désert en Carmel.* » On dirait qu'une céleste magicienne a visité nos humbles régions, et de sa baguette, a tout transformé. Le riche et le pauvre se sont rencontrés, cette fois, non pour se heurter, mais pour s'étreindre dans la plus fraternelle effusion. Ce millionnaire que nous avons vu naguère, superbement installé dans son château, entassant, accaparant et regardant les autres hommes comme des outils, cet homme-là est un homme nouveau. Ce cœur dur et hautain s'est attendri. Il a abaissé la distance que l'orgueil plus encore que la richesse avait creusée entre lui et les petits, dont il est devenu l'ami et l'humble protecteur. Comme l'humidité du sol, aspirée par les chauds rayons du soleil est rendue dans une douce ondée de printemps à la terre qu'elle fertilise, ainsi la fortune de cet opulent manufacturier retourne librement en rosée bienfaisante aux ouvriers qui l'ont produite. Il a placé désormais sa joie, non dans l'égoïsme qui ne sait rien rendre, mais dans l'amour qui ne sait rien garder. Il intéressera peut-être à ses gains ses ouvriers, ses coopérateurs les plus intelligents et les plus dignes. Il aspire, cet homme de bien, non pas à s'élever au-dessus de ses semblables, mais à les élever jusqu'à lui. Il est bien question de grèves sous le régime de la fraternité ! Les ouvriers savent que le patron ne les exploite pas, que leurs intérêts lui sont aussi chers que les siens.

Et cet esprit nouveau d'une société nouvelle gagne
le voisinage. Il s'étend de ville en ville et de village en
village, et au passage de cette bienheureuse épidémie se
fondent les préventions, les égoïsmes, les orgueils,
les cupidités, les convoitises, les haines, les rancunes
et les projets de vengeance de caste à caste et de
peuple à peuple. La sainte contagion abaisse et dépasse
les frontières. Il n'y a point de poste armé qui l'arrête,
et voici, elle était bien vraie cette parole du Christ : O
hommes, vous êtes tous frères ! Il est enfin passé le règne
de l'usurpation, du chassepot, de la mitrailleuse, du pétrole, du parjure, de la conquête ou de la revanche, c'est
le règne de l'amour. C'est la fraternité qui a fait cela.
C'est cette magicienne qui a résolu le problème insoluble. C'est elle qui a fait le relèvement de la France et
préparé celui du monde.

Mais quoi ! ce n'est là qu'un tableau de fantaisie !
C'est l'imagination qui s'amuse à faire de l'ironie. C'est
l'utopie qui se raille de la réalité. Rêveur complaisant,
sortirez-vous bientôt de votre hypothèse ?

Eh ! bien oui, c'est là du rêve, c'est de l'hypothèse,
c'est de l'utopie, mais elle a quelque chose d'étrange,
cette utopie, c'est qu'elle s'impose comme une nécessité.

J'ai vu sur l'effigie des anciennes monnaies de la
première République, et tout récemment sur le frontispice de l'Ecole de droit de Paris, cette inscription fameuse : « La fraternité ou la mort ! » Association monstrueuse ! Parodie sanglante de la fraternité !

Eh bien, il semble que la Providence se soit plu à relever cette parole et qu'il entre dans ses desseins de nous condamner à cette alternative : « Oui, la fraternité ou la mort, mes concitoyens, Dieu vous donne le choix. C'est-à-dire, ô hommes haineux, vindicatifs, égoïstes, jaloux, orgueilleux et violents, il faudra que vous vous décidiez à vous aimer de bon cœur, sérieusement, joyeusement, jusqu'au dévouement, comme des frères, sinon la question sociale vous tuera !

Mais qui donc fera ce prodige ? —Qui fera ce prodige ! Et qui donc est capable de transformer l'homme, si ce n'est mon Maître Jésus-Christ ! Vous pouvez bien, vous, avoir le pressentiment de l'amour ; vous pouvez bien exiger qu'on vous aime, le révolver au poing ; vous pouvez bien inscrire sur vos chartes ou sur vos murailles le beau nom de fraternité : Christ seul est capable de le buriner dans vos cœurs.

« Ah ! nous y voilà, se récrie-t-on. C'était donc là que vous vouliez en venir ? Vous nous proposez de nous ramener au moyen âge. Vous voulez reconstruire le trône et l'autel. Vous entendez que nous renouvelions notre alliance avec le clergé, le complice et l'instrument de tous les despotismes. »

—Mais pour qui donc nous prenez-vous ? Non, non, pas plus que vous nous ne voulons de ce christianisme dénaturé qu'a fondé le moyen âge, avec ses tyrannies, ses intolérances, ses castes, son obscurantisme et son servage païen. Certes, ce ne sera pas sous le capuchon d'un moine, ce ne sera pas dans les pratiques dévotes, ce ne sera pas dans les hypocrisies pharisaïques, ce ne

sera pas dans la domination sacerdotale, ce ne sera pas
dans cette fabrique de dogmes nouveaux qu'on vient
de fonder à Rome, ce ne sera pas dans une papauté
qui a inauguré le chassepot, que nous irons chercher
ces torrents d'amour indispensables pour régénérer le
monde.

Ce n'est pas non plus, nous l'avouons, quelque respect que nous ayons pour eux, dans les in-folios des
théologiens ou des docteurs de la Réforme, dans leurs
formules souvent arides et scolastiques, ce n'est pas
dans l'intellectualisme orthodoxe, qui a eu aussi son
esprit dominateur et ses superbes intolérances, ce n'est
pas là que nous irons chercher la lave brûlante de l'a-
mour.

Non, non, si vous voulez nous écouter, si vous voulez
nous suivre, nous n'irons ni à Rome, ni à Genève, ni à
Wittemberg, ni à Londres ; nous irons à Jésus-Christ, ô
mes concitoyens ! à Jésus-Christ que vous ne connaissez
que par ses représentants officiels, c'est-à-dire compro-
mettants ; à Jésus-Christ, l'homme et le Dieu de l'amour
et du sacrifice. Lui vous donnera le mot de l'énigme, la
solution du problème, ou plutôt la puissance de trans-
formation qui vous est nécessaire. Il changera vos cœurs,
et par suite les bases de l'ordre social.

Vous aviez pu croire jusqu'ici, que nous avions
oublié notre texte inscrit à la tête de ce discours comme
une banale épigraphe. Et pourtant, ne voyez-vous pas
que, dans tout ce que nous avons dit, tout y converge,
tout y pousse, y aboutit? Ne voyez-vous pas qu'il n'y
a de guérison possible à la plaie sociale qui nous dévore
que dans le changement des cœurs? Que si le remède

n'est pas là, il n'y a point de remède? Tout, tout dans la marche de l'histoire ne pousse-t-il pas l'humanité, comme l'homme lui-même, avec une logique inflexible, à cette impasse, j'allais dire, mais non, à cette bienheureuse issue : « Il *faut* que vous naissiez de nouveau ! » Cette nécessité se trouve à l'état plus ou moins conscient dans tous les esprits quelque peu religieux. Je lisais, ces jours-ci, dans un journal peu chrétien certes, qui m'était tombé entre les mains : « Il faut à la France un cœur nouveau. » Ce jour-là le *Siècle* a prophétisé sans le savoir. Il s'est rencontré avec Jésus-Christ. Il faut un cœur nouveau au riche, afin qu'il soit pauvre en esprit, humble de cœur, doux aux petits, débordant de sacrifices, possédant comme s'il ne possédait pas, simple usufruitier de ses biens. Il faut un cœur nouveau au pauvre pour qu'il soit pur de jalousie, de convoitises, de murmures, pour qu'il soit laborieux, content, souriant à la vie, respectueux envers tous les droits. Il faut un cœur nouveau au riche et au pauvre, afin qu'un courant réciproque et merveilleux aille du riche au pauvre et remonte du pauvre au riche et réalise ce que la violence avait rêvé, mais ce que jamais elle n'aurait pu faire. Il faut que riches et pauvres trouvent dans les joies de l'amour et d'un dévouement mutuel, cette incomparable félicité vainement cherchée dans les arides satisfactions de l'amour-propre et de l'égoïsme. Mais il faut pour cela un cœur nouveau.

Il te le faut, ce cœur nouveau, ô ma patrie ! je te le répète, comme Jésus-Christ : *En vérité, en vérité,* je te le dis ! Il te le faut pour ton relèvement. Mais pour une chose aussi colossale, pour changer l'égoïsme en amour, la jalousie en bienveillance, la chair en esprit, il ne te faut rien moins que le contact immédiat de Jésus-Christ. Penche-toi sur ce cœur, comme Jean le bien-aimé, et de ce foyer brûlant rayonneront en toi des vertus merveilleuses, toutes les effluves, toutes les gloires, toutes les puissances transformatrices de la divine charité.

Mais, pour être digne de recevoir ces joies et ces gloires de l'amour, il faut que tu te dépouilles de ta propre gloire. C'est là la première, mais indispensable condition.

Il me semble que Dieu t'a aidé à faire ce dépouillement. La miséricorde se voile quelquefois sous des apparences terribles; Dieu se cache dans les fureurs de la tempête, comme dans les parfums du printemps. Eh bien ! Dieu est venu vers toi, sous la forme foudroyante de l'orage, afin d'abaisser ta tête trop superbe, de te faire avouer, au milieu de tes effroyables désastres, tes misères morales, tes désordres, ton péché, la nécessité, enfin, de ce cœur nouveau sans lequel tout colosse doré n'a que des pieds d'argile. Baisse donc la tête et frappe-toi la poitrine. Tant que je te verrai fière et fanfaronne, comme si l'orage n'avait pas été assez fort pour te courber, et rejetant sur des circonstances, sur des chefs ou sur des traîtres des fautes dont la source est en toi-même, ô mon pays ! je serai bien malheureux et je désespérerai de toi. Non, non, deviens sérieux, reconnais tes fautes, humilie-toi, non devant tes vainqueurs de hasard, mais devant Dieu qui te frappe. Pour t'abaisser devant Dieu, il n'y a nulle honte, et c'est la condition de tout relèvement. Arrache de ton cœur tes vieilles idoles, brûle ce que tu as adoré, adore ce que tu as brûlé.

La gloire honteuse des batailles, l'adoration de la force brutale, le culte du succès, l'orgueil de la domination, la convoitise des yeux, la poursuite des plaisirs grossiers : brûle tout cela, car tout cela c'est de la corruption, c'est de la chair. Et au contraire les gloires de l'humilité, de la justice, de la vérité, de la paix, de la fraternité; le dépouillement, non pas des autres pour soi-même, mais de soi-même pour les autres, toutes ces saintes choses, toutes ces divines choses, adore-les, pratique-les, ce sont là les choses de l'esprit.

Il faut à l'histoire, il faut au monde une France nouvelle. La France du passé ne peut pas être celle de l'avenir. La France des Napoléon, la France des Voltaire, la France des Loyola ne peut pas être la France de Jésus-Christ. « En vérité, en vérité, je te le dis, il faut que tu naisses de nouveau, non pas seulement pour entrer dans le royaume des cieux, mais pour rentrer dans la royauté de la terre. Jusqu'ici tu n'as guère recherché que celle-là au prix de la violence et de l'injustice, et celle-là, tu l'as perdue. Mais si tu recherches premièrement le Royaume des cieux et sa justice, tout le reste te sera donné « comme par surcroît. » Ton relèvement, ton glorieux relèvement datera du jour où tu auras ployé le genou devant le Dieu de Jésus-Christ et reçu de lui le cœur nouveau. Dieu sacrera ton front noblement balafré, il te réhabilitera; car il te réserve, j'ose encore l'espérer, pour de grandes choses. C'est lui qui t'a donné ton beau génie, si lumineux, si aimable, si sociable, si vulgarisateur, si humain, afin de te confier un apostolat dans le monde. Oh! reçois seulement ce cœur nouveau et tu seras parfaite, tu seras un peuple de promission, un Messie parmi les peuples. A genoux, à genoux, à genoux devant Dieu qui seul est grand! Laisse, laisse ton Dieu, qui t'a baptisée dans le baptême de sang, te baptiser dans le baptême de feu. Je te vois, sortant de la fournaise, radieuse et rajeunie, entrant, comme le soleil dans sa course, dans tes nouvelles destinées.

> Quelle Jérusalem nouvelle
> Sort du fond des déserts, brillante de clartés,
> Et paraît à mes yeux plus brillante et plus belle!

Mais s'il n'en était pas ainsi, si tu t'obstinais dans ton orgueil, dans ton égoïsme, dans la chair, alors, ô ma pauvre France, tu aurais manqué aux intentions de Dieu, tu descendrais de décadence en décadence, jusqu'au septième cercle des gouffres infernaux, et tu disparaîtrais, mutilée et déshonorée, dans le cercueil de l'histoire!

Détourne, ô Dieu, détourne mon pays de ces sombres chemins, et fais entrer, dans sa poitrine déchirée, ton Saint-Esprit qui régénère et qui relève!

Paris, 24 janvier 1872.

SANDOZ ET FISCHBACHER, ÉDITEURS

33, RUE DE SEINE, A PARIS

DU MÊME AUTEUR

Les péchés de la France. Discours. 3e édition.   50 c.

Le Christianisme et l'Esprit moderne. 1 vol.   3 fr. 50 c.

Mes impressions de voyage à Paris. 1 vol.   1 fr. 50 c.

Vie de J. Gilpin. 1 vol. cart.   60 c.

L'Ecole buissonnière du petit Henri. 1 vol. cart.   50 c.

Ma Captivité en Abyssinie, par le Dr Blanc. Ouvrage traduit de l'anglais par Madame Arbousse-Bastide. 1 vol. in-12. 3 fr.

De l'évangélisation de la France. Rapport présenté à la séance du 25 octobre 1871 des Conférences nationales évangéliques du Midi, par N. Recolin, pasteur à Montpellier. In-8.   50 c.

Ce qu'il faut à la France, par E. Rosseeuw Saint-Hilaire. In-8.   1 fr.

La Délivrance, par E. Rosseeuw Saint-Hilaire. In-8.   1 fr.

Deuils et Espérances, par une Française. 1 vol. in-12.   3 fr.

Paris. — Typ. de Ch. Meyrueis, 13, rue Cujas. — 1872.

www.ingramcontent.com/pod-product-compliance
Lightning Source LLC
Chambersburg PA
CBHW071409030726
47594CB00006B/2371